El Tobogán del corazón

Escrito por Jimena Coronado Del Valle

Ilustrado por Danny Perezchica

El Tobogán del Corazón

Primera edición, 2021

D.R. © 2021, Jimena Coronado Del Valle

Ilustrado por Danny Perezchica

Diseño de interiores: Editorial Shanti Nilaya

ISBN | 978-1-7371736-1-8

Impreso en EE. UU. por Amazon

Printed in USA by Amazon

shantinilaya.life/editorial

El Tobogán del corazón

Escrito por Jimena Coronado Del Valle

Ilustrado por Danny Perezchica

shanti nilaya
EDITORIAL

Este es un cuento escrito desde el fondo del corazón de una mamá que ha elegido la maternidad a través de la adopción como la forma más grande de AMOR y dedicado a todos aquellos corazones destinados a encontrarse para ser familias por SIEMPRE.

A todos los papás y mamás que saben que la maternidad y la paternidad van más allá del tiempo, de cualquier línea geográfica e incluso, más allá de la sangre.

Dedicado a todos los pequeños súper héroes y súper heroínas que de forma muy valiente, han encontrado el camino hacia su familia por y para siempre...

Dedicado con todo mi amor a Helena, mi hija.

Te voy a contar una historia que es muy especial, especial porque no todos los niños del mundo son elegidos para escucharla... pero, TÚ SÍ, porque compartes algo muy importante con Helena, la niña de esta historia...

Helena y su mamá Luisa forman una pequeña, pero muy feliz familia. Helena es muy alegre, divertida, inteligente, amorosa, agradecida, parlanchina y a veces algo obstinada. Disfruta muchísimo cantar, compartir con su familia y ayudar a los demás en toda oportunidad. ¡Helena es una niña feliz!

Desde que nació sabía que había llegado a este mundo para transformar su vida y la de su familia de una manera muy especial.

Un día al despertar, Helena corrió a la cama de su mamá a darle los buenos días. Su mamá en ese momento, y como cada mañana, la recibió con un beso y un abrazo. Seguido le dijo:

—¡Corre a hacer pipí, nena!

No vaya a ser que mojara su ropa interior por aguantarse. Pero, ese día Helena le contestó:

—Aún no tengo ganas, mami.

3

Entonces, siguieron acostadas, platicando. En eso, la tía María le compartió una foto a su hermana Luisa del momento en que su hijo, el Güero, primo de Helena, estaba a punto de nacer. En aquella fotografía, la tía María mostraba una panza muy grande.
Luisa al ver la fotografía sonrió. Luego la mostró a Helena y le dijo:

—Mira, mi amor, aquí tu primo estaba en la panza de tu tía. Después de esta foto nació para llegar a nuestra familia.

Helena sonrió y le dijo a su mamá:

—A ver, mami. Mmm— exclamó—, ¿ahora puedes mostrarme una donde yo esté en tu panza?

Y aquí es donde llega el momento más hermoso.

—Mi amor —Luisa voltea a decirle—, recuerda que tú naciste de mi corazón. Helena se puso muy contenta.

—Ah, sí es cierto. - Respondió- Helena observó con orgullo los dos corazones entrelazados que tiene su mamá como símbolo: uno de Helena y el otro de su mamá.

Helena se siente tan feliz y amada en su familia. Todos los días les dice:
—Ésta, es mi familia —y—
Amo mucho a mi familia-.

Y efectivamente, ella es una niña tan querida y especial como TÚ.

6

-Mami, entonces, ¿Cómo llegan los niños que nacen del corazón a sus familias? Preguntó Helena.

- "Te voy a contar un secreto" le contestó su mamá-.

¿Sabes? Todas las personas, antes de llegar al mundo, somos estrellas que vivimos en el cielo, cada estrella desde allá elige la familia a la que va a llegar, pero no todas llegan de la misma manera... Mientras esas estrellas están listas para iluminar y bajar a vivir en familia, desde acá, en la tierra, muchas mamis y muchos papis están emocionados observando el cielo y preparando su corazón para encontrar aquella estrella especial que los ha elegido para crecer y vivir en este mundo y que pronto se convertirá en su hijo/a...

Verás: en el cielo existen dos toboganes invisibles para los humanos y cuando un niño o niña está listo para bajar del cielo a la tierra, dejando así su forma de estrella para convertirse en una persona, eligen uno de los dos toboganes que les harán llegar hasta acá y entonces comenzar su vida aquí.

El primer tobogán es el que deja que
un bebé crezca en la panza de su mamá
para luego crecer y llegar a su familia.

"Mami, ¿como las resbaladillas por las que tanto me gusta lanzarme en el parque?", sí mi amor, algo así... comentaron Helena y su mamá. Ambos toboganes son muy grandes, llenos de amor, esperanza, paciencia, emoción, pues siempre, siempre, las mamás y los papás esperan la llegada de un hijo con todo su amor.

El segundo tobogán ayuda a que esa pequeña o pequeño llegue a su familia elegida de otra manera. Todo ese tiempo ha ido creciendo en el corazón de mamá y papá.

Y cuando llegue el momento, esos corazones que han sido elegidos por las estrellas brillantes del cielo se encuentran para vivir juntos por siempre.

Los niños como tú que
han tenido que llegar
a su familia desde el
tobogán del corazón
tienen una misión
muy importante, son
personitas especiales, tan
especiales, que a veces
han tenido que pasar un
tiempo con otras personas
para llenarlas de amor y aprendizajes
y compartir esa luz tan especial que tienen,
pero siempre, al final de esta misión heróica
tan importante, ellas les dejarán ir porque saben
que deben seguir su camino para llegar a su
familia por y para siempre,
sabiendo que todos
los que son parte de
ella los han estado
esperando, han estado
luchando por encontrarlos,
han preparado por mucho
tiempo su casa, su
cuarto, sus juguetes, su
ropa, pero sobretodo,
su corazón para
llenarlos de Amor y
agradecerles que sus
estrellas al fin
se hayan encontrado.

Así que tú, que llegaste a tu familia por el tobogán del corazón, debes sentirte tan orgullosa y tan amada porque has sido ELEGIDA, tu familia luchó por ti, y tú luchaste por encontrarla, no importa la edad a la que hayas llegado a ellos, quizá fuiste de los niños estrella que tuvo que pasar por otras misiones antes de llegar a esa familia...

Tú y todos los niños que son hijos de corazón, son un héroe, o una heroína, no importa si por fuera son un poco diferente a sus papás, hermanos, primos, tíos; siempre recuerda que tú elegiste llegar a casa desde el tobogán del corazón y seguramente serás en alma tan parecida a ellos... en realidad, no había otro camino para ser Feliz y hacer felices a todos los que compartirán sus vidas con la tuya.

Recuerda, debes sentirte tan orgullosa de ti misma porque eres AMADA, eres FUERTE, eres MARAVILLOSA, eres.... ELEGIDA.

-"Mami, me encanta ser tu hija del corazón"- dijo la pequeña Helena...

-y a mí, me encanta ser tu mamá-, le respondió Luisa.

Helena y su mami te comparten su historia, ellas saben que son una familia diferente a muchas, pero tan llena de amor que han aprendido a disfrutar cada momento y a luchar porque más niños/as estrellas como tú puedan bajar por el tobogán del corazón y ayudarles a cumplir su misión para encontrarse más rápido con su Familia Por SIEMPRE.

Gracias, gracias, gracias, por haber elegido llegar a tu familia por medio de:

"El tobogán del corazón"...

Gracias infinitas a:

- Familia Romero Bugarín
- Mayra López
- Mónica Ramírez
- Ángela Fernández
- Mario Ramírez
- Carlos Pérez Gómez
- Sonia Guillén
- Un Ángel hermoso que prefirió quedar en anonimato

Por su hermosa generosidad y apoyo, para cubrir los gastos de la editorial e ilustraciones, y con ello hacer de este cuento una realidad.

Gracias a mi familia y amigos que me han acompañado y apoyado en esta gran aventura de ser mamá.

Gracias a todos los que se suman día a día y entregan su corazón al bienestar de la niñez en el mundo.

Recordemos que:
"Lo mejores regalos de la vida, crecen en el corazón".

"Dibujo realizado por Helena a sus 4 años"

The best gifts in life grow from the heart.